Die Insel Zingst
Zingst
Insel Gross Kirr
Müggen-burg
Müggenburger od. Barthscher W.
Königl. Oster Wald
Sundische Wiesen Stralsunder W.
Straminke
Die Fitt
Insel Oie
Kleine Wieck
Bresewitz
D. Plage
die Meiningen
BODSTEDTER BODDEN
BARTHER BODDEN
Fahrencamp
Pruchten
Bodstedt
Fuhlendorf
Gutglück
Barth
Küstrow
Dabitz
Neu Planitz
Alt
Barther Forst
Zipcke
Dievitz
Rubitz
Flemendorf
Gotkenhagen
Keutz
Frauendorf
Spollershagen
Saatel
Lüdershagen
Wobbelkow
Carnin
zu Lüdershagen
Martenshagen
Löbnitz
Redebas
Stubenhagen
Laugen Hanshagen
Kindshagen
Manschenhagen
Wiepkenhagen
Holthof
Starkow
Langen Hanshagen
Horst Königl.
Düvelsdamm
Sternhagen
Altenhagen
Balkenkoppel
W0325439

Frank Braun/René Roloff

Das kleine Buch der Darßer Haustüren

THOMAS HELMS VERLAG

Schriften des Vereins zur Förderung der Heimatpflege und des Darß-Museums e.V.

Heft 2

Bibliografische Informationen der Deutschen Bibliothek
Die Deutsche Bibliothek verzeichnet diese Publikation in der Deutschen Nationalbibliografie; detaillierte bibliografische Daten sind im Internet über *http://dnb.ddb.de* abrufbar.

2. Auflage 2003

© 2000 THOMAS HELMS VERLAG • SCHWERIN
Wallstraße 46, D-19053 Schwerin
Tel 0385-564272 Fax 0385-564273
thv.schwerin@t-online.de
www.thv.de

Alle Rechte vorbehalten. Ohne schriftliche Genehmigung des Verlages ist es nicht gestattet, das Werk unter Verwendung mechanischer, elektronischer und anderer Systeme in irgendeiner Weise zu verarbeiten und zu verbreiten. Vorbehalten sind die Rechte der Vervielfältigung - auch von Teilen des Werkes - auf photomechanischem oder ähnlichem Wege, der tontechnischen Wiedergabe, des Vortrages, der Funk- und Fernsehsendung, der Speicherung in EDV-Anlagen, der Übersetzung und der literarischen oder anderweitigen Bearbeitung.

MercedesDruck, Berlin
Buchbinderei Stein+Lehmann, Berlin

ISBN 3-931185-43-5

Vorwort

Die meist bunt gestrichenen Haustüren der alten Häuser in Born, Prerow und Wieck auf dem Darß, die sogenannten »Darßer Haustüren«, sind ein beliebtes Fotomotiv. Viele Fragen verbinden sich mit diesen Türen:

- *Was ist das Besondere an diesen Haustüren? Was unterscheidet sie von Haustüren in anderen Regionen?*
- *Warum gibt es diese Türen in so großer Zahl ausgerechnet in den Orten auf der Halbinsel Darß?*
- *Warum sind die meisten Türen so auffällig bunt gestrichen?*
- *Welche Bedeutung haben die Ornamente auf den Türen?*
- *Wie und wo wurden die Türen hergestellt?*
- *Wie alt sind die Türen?*

Mit dem vorliegenden kleinen Buch möchten die Autoren versuchen, Antworten auf diese Fragen zu geben. Das Buch will sowohl dem interessierten Laien als auch dem fachlich Vorgebildeten einen Einblick in die Thematik ermöglichen. Gleichzeitig richtet sich diese Veröffentlichung natürlich auch an die Hauseigentümer mit der Hoffnung, den Blick für die Besonderheiten der Darßer Bautraditionen zu schärfen und zur Erhaltung und Weiterentwicklung der Baukultur beizutragen.

Selbstverständlich kann diese kleine Übersicht das Thema nicht erschöpfend behandeln. »Das große Buch der Darßer Haustüren« mit einer möglichst vollständigen Dokumentation bleibt ebenso eine Aufgabe für die Zukunft wie eine Darstellung der Darßer Bautraditionen, der Darßer Möbel und vieler anderer Besonderheiten der Halbinsel!

Das Buch ist ganz bewußt im »Westentaschenformat« angelegt und zum Mitnehmen bei Ortsrundgängen und -fahrten gedacht. Neben dem allgemeinen geschichtlichen Hintergrund, ohne den auch die Entwicklung der Darßer Haustüren nicht zu verstehen ist, werden Konstruktion und Gestaltung der Türen in ihrer etwa 200-jährigen Geschichte allgemeinverständlich mit Skizzen und Text an ausgewählten Beispielen erläutert. Neben vielen Beispielen aus Prerow werden auch Haustüren aus Born und Wieck abgebildet, um zu zeigen, daß diese Haustüren in allen Darß-Orten anzutreffen sind. Bis auf eine Ausnahme sind alle abgebildeten Türen noch heute von der Straße aus sichtbar.

Ein Ortsplan von Prerow mit den Standorten der in diesem Heft abgebildeten Türen sowie weiteren von der Straße aus sichtbaren Haustüren unterschiedlichen Alters erleichtert die Orientierung, soll aber gleichzeitig dazu anregen, auf die Suche zu gehen nach weiteren Haustüren in den anderen Orten.

Ein Hinweis sei dem Leser abschließend allerdings schon an dieser Stelle gegeben: eine Altersbestimmung einzelner Türen mit Hilfe dieses Buches ist aus der Distanz ausgesprochen schwierig, wenn nicht sogar unmöglich - hier hilft nur genaues Hinsehen und Detailkenntnis!

Die wirtschaftliche und bauliche Entwicklung auf dem Darß seit 1700

Wie kommt es, daß gerade auf dem Darß so viele und so unterschiedlich gestaltete Haustüren vorhanden sind? Was hat es mit dieser Besonderheit auf sich?

Die Beantwortung dieser so oft gestellten Fragen ist nicht möglich ohne Kenntnis der Entwicklung, die die Darß-Orte in den vergangenen 300 Jahren genommen haben, und die sich von der der Dörfer des Binnenlandes deutlich unterscheidet.

Bis in das 18. Jahrhundert hinein waren die Orte Born, Prerow, Wieck und Bliesenrade noch sehr bäuerlich strukturiert. Die wenigen Bewohner besserten allerdings schon in dieser Zeit ihr Einkommen aus der Landwirtschaft durch Fischerei und (in bescheidenem Umfang) durch Schiffahrt entlang der Ostseeküste auf.

Erst in der 2. Hälfte des 18. und besonders in der ersten Hälfte des 19. Jahrhunderts wurde die Seefahrt zum prägenden Wirtschaftszweig auf dem Darß, die sich sehr bald nicht mehr auf die nächsten Häfen an der Ostseeküste beschränkte. Der mit dieser Entwicklung verbundene wirtschaftliche Aufschwung hatte eine starke Zuwanderung, einen Anstieg der Bevölkerungszahlen und damit eine Vergrößerung der Dörfer durch Neubautätigkeit zur Folge. Alle mit Seefahrt und Schiffbau direkt oder indirekt verbundenen Berufszweige siedelten sich nun in Prerow, Wieck und Born an. Gleichzeitig kamen mit den Seefahrern natürlich neue Eindrücke und Einflüsse aus fremden Ländern und Regionen, besonders aus England und Schweden, hierher.

In der zweiten Hälfte des 19. Jahrhunderts kam es, bedingt durch die allmähliche Ablösung der Segel- durch die Dampfschiffahrt, zu einem wirtschaftlichen Einbruch auf dem Darß, der nur zögerlich (und überwiegend in Prerow) durch den aufkommenden Tourismus ausgeglichen werden konnte. Bereits vor dem ersten Weltkrieg, besonders aber zwischen den Kriegen und ab 1950 wurde der Tourismus zum bestimmenden Wirtschaftszweig auf dem Darß, der zu einer weiteren Verdichtung der Bebauung und zur Ausdehnung der Ortschaften führte.

Mit diesem wirtschaftlichen Wandel, ausgehend von der bäuerlichen Struktur über das Seefahrerdorf zum Urlaubsziel, ging natürlich ein Wandel der in den Dörfern verbreiteten Hausformen einher. Für das bäuerliche Wirtschaften war auch auf dem Darß das sogenannte »niederdeutsche Hallenhaus« ideal geeignet, das im gesamten norddeutschen Raum in unterschiedlichen Ausformungen verbreitet ist. Dieser Haustyp vereint die Funktionen des Wohnens, des Wirtschaftens, der Erntespeicherung und der Viehhaltung unter einem Dach; prägendes Element ist das große Tor, das an einer Schmalseite des Hauses liegt und die vielfältig genutzte Diele erschließt. Ein Beispiel für diesen Haustyp steht heute noch in Wieck in der Bauernreihe; auch in Prerow sind niederdeutsche Hallenhäuser nachweislich vorhanden gewesen, aber der weiteren baulichen und wirtschaftlichen Entwicklung zum Opfer gefallen.

Spätestens mit dem Umschwung von der bäuerlichen Wirtschaft zur Seefahrt und zum Schiffbau hat sich dann offensichtlich ein neuer Haustyp auf dem Darß verbreitet, den wir heute noch in allen Darß-Orten antreffen können. Die Abb. 1 zeigt beispielhaft Grundriß und Straßenansicht eines solchen, mit der breiten Traufseite zur Straße gewandten Hauses mit tragenden Außenwänden und Krüppelwalmdach. Der Grundriß ist gekennzeichnet durch einen in der Mitte des Hauses gelegenen Flur, über den zwei Vorderstuben sowie die hinter dem Flur gelegene Küche erschlossen werden. Seitlich der Küche liegen weitere Kammern, die wiederum Türen zu den vorderen Stuben haben können oder nur von der Küche erreichbar sind. Je nach der Größe des Hauses finden sich neben der Haustür ein oder zwei Fenster. Bei Doppelhäusern liegen Flur und Küche jeweils »Rücken an Rücken«, die Stuben an den Giebelseiten; Häuser mit drei oder mehr Wohnungen zeigen eine entsprechende Aneinanderreihung der beschriebenen Grundrißaufteilung. Das Erdgeschoß dient in erster Linie dem Wohnen, der Dachboden wird als Speicher genutzt. Stall und Scheune befinden sich in gesonderten kleinen Nebengebäuden auf dem Grundstück.

Bei diesem Haustyp kommt nun der Haustür in der der Straße zugewandten Traufseite besondere Bedeutung zu. Sie ist der Mittelpunkt der Fassade und zugleich Haupteingangstür. Was liegt da näher, als diese Tür besonders aufwendig zu gestalten und dem Besucher ebenso wie dem Passanten einen Eindruck vom Wohlstand des Eigentümers zu vermitteln?

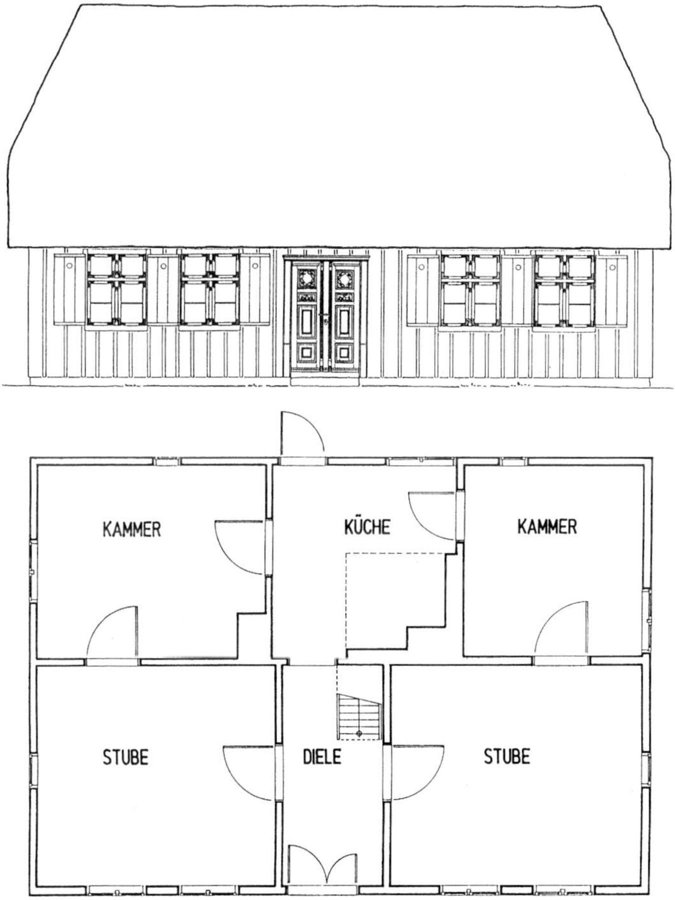

Abb. 1: Grundriß und Straßenansicht eines typischen Darßer Schifferhauses des 19. Jahrhunderts (Maßstab ca. 1 : 125)

Häuser dieser Bauart wurden auf dem Darß spätestens seit dem 18. Jahrhundert und noch bis kurz nach 1900 in kaum veränderter Form errichtet. Auch die durch den wirtschaftlichen Wandel und industriellen Fortschritt bedingten Neuerungen des frühen 20. Jahrhunderts, besonders das flacher geneigte Pappdach auf den eineinhalbgeschossigen sogenannten »Kniestockhäusern«, änderten nicht die Traufstellung der Häuser und die Grundrißaufteilung, so daß der Tür weiterhin die traditionelle Bedeutung zukam. Selbst die häufig für die Gäste angebauten verglasten Veranden ordneten sich dem Haupthaus als kleinere, meist seitliche Anbauten, unter.

Die Konstruktion der Türen

18. Jahrhundert

Bisher sind uns keine Bauern- oder Handwerkerhäuser bekannt, in denen noch Türen des 18. Jahrhunderts erhalten geblieben sind. Wir können aber davon ausgehen, daß die Haustüren dieser Zeit relativ einfach konstruiert und nur selten und einfach verziert waren. Konstruktiv dürften die Türen als einfache Brettertüren ausgebildet gewesen sein, gelegentlich auch als sogenannte »Klöntüren« mit einer Teilung in oberen und unteren Flügel (Öffnen des oberen Flügels zum Belichten und Belüften; der untere Flügel konnte geschlossen bleiben, damit kein Viehzeug ins Haus gelangen konnte).

Ein Beispiel für diese Zeit kann vielleicht noch eine Haustür aus Born bieten, die zwar erst Anfang des 19. Jahrhunderts entstanden sein dürfte, aber dennoch viele Merkmale aufweist, die noch an das 18. Jahrhundert erinnern (Abb. 2).

ca. 1790 bis 1850

Erst für den Zeitraum zwischen etwa 1790 und 1850, stilgeschichtlich die »klassizistische Phase«, kennen wir aufgrund des in diesem Zeitabschnitt herrschenden wirtschaftlichen Booms auf dem Darß und des damit verbundenen umfangreichen Neubaus von Häusern eine Vielzahl von Haustüren in Seefahrer- und Handwerkerhäusern.

Das Konstruktionsprinzip dieser Türen zeigen die beiden Abb. 3 (oben) und 4: Die Flügel werden aus drei bis vier Brettern zusammengesetzt, die untereinander durch Nuten und Federn verbunden sind. Zwei Querriegel an der Innenseite halten die Bretter zusammen. Auf die so entstandene, außen ebene Platte lassen sich Rahmen mit Füllungen oder Pilaster sowie Ornamente einfach aufnageln. Die Türen bieten also in der Regel

Abb. 2: Haustür aus Born, Kuhlenbruch (19. Jahrhundert). Brettertür mit einer Teilung in oberen und unteren Flügel (»Klöntür«). Auf der Brettertür ist eine säulenartige Aufdoppelung, ein sogenannter Pilaster befestigt; als Ornamente finden sich ein Zahnschnittgesims, eine Palmette, ein Sonnenoval und andere, zum Teil nur fragmentarisch erhaltene Motive. Nicht alle Motive sind erklärbar. Verschluß durch Klinkgeschirr und Schnappschloß. Schlüsselschild noch in Formen des Rokoko. Die seitlichen Bekleidungen sind erhalten. Motive: Sonnen, Diamant, Kehlen, Schachbrett. Unterer Wasserschenkel, Farbfassung und aufgemalte Motive (Möwe, Blume ?) nicht ursprünglich. Das Haus, aus dem die Tür geborgen wurde, ist noch heute in einem sehr altertümlichen, aber baufälligen Zustand erhalten (Tür heute in Privatbesitz, nicht zugänglich).

das Erscheinungsbild einer Rahmentür mit Füllungen, die in den Rahmen eingeschoben sind. In Wirklichkeit handelt es sich jedoch um sogenannte »aufgedoppelte« Türen: der Rahmen und die Ornamente sind lediglich einer einfachen Brettertür aufgesetzt. Die »Füllungen« werden durch die Ansichtsflächen der Bretter gebildet (bei aufwendiger gebauten Türen können diese Füllungen als »zweite Lage« auf den Brettern befestigt sein).

Eine Verleimung der Teile wurde nicht vorgenommen. Die Türen gingen stets nach innen auf. Die Flügel wurden mittels Langbändern und Stützhaken innen am Fachwerkständer oder an einer umlaufenden Zarge angeschlagen. Waren die Flügel

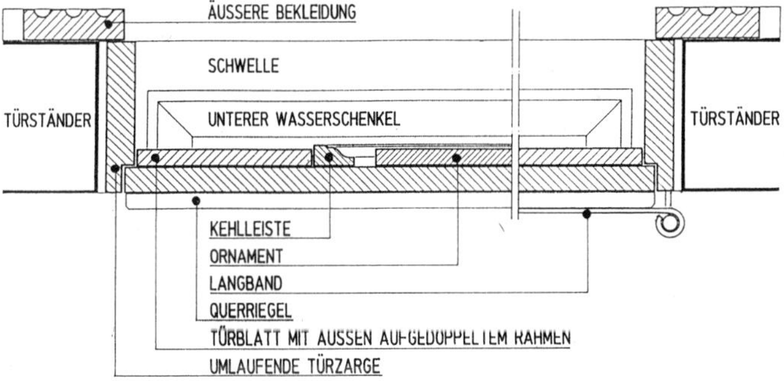

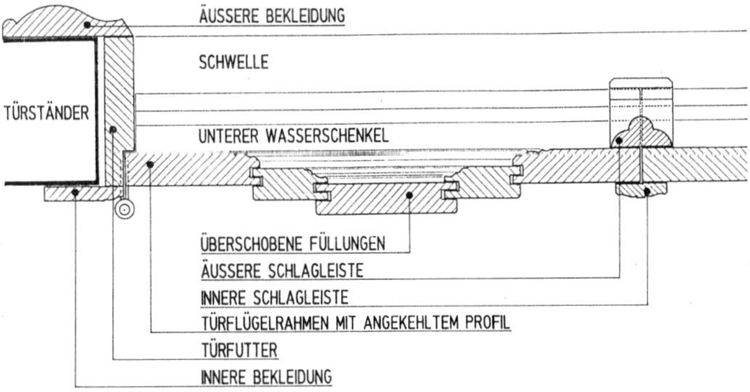

Abb. 3: Waagerechte Schnitte durch eine aufgedoppelte Brettertür (oben, Lange Str. 37) und eine »echte« Füllungstür mit doppelt überschobenen Füllungen (unten, Lange Str. 39) mit Darstellung des Anschlusses an die Fachwerkwand (Maßstab ca. 1 : 9).

am Fachwerk angeschlagen, kleidete ein Futter mit Schwelle die Laibung aus. Innen aufgesetzte Kastenschlösser, bei älteren Türen auch noch Riegel und Klinkgeschirre, verschließen die Tür. Die Beschläge lassen manchmal noch Anklänge an die vorhergehende Stilepoche, das Barock, erkennen.

Innen und außen decken Bekleidungen die Fuge zwischen Futter und Fachwerkständer ab. Die innere Bekleidung (wenn überhaupt vorhanden) ist abgeplattet und gekehlt, die äußere Bekleidung dagegen oft reich geschnitzt und mit einem Giebel oder Gesims versehen.

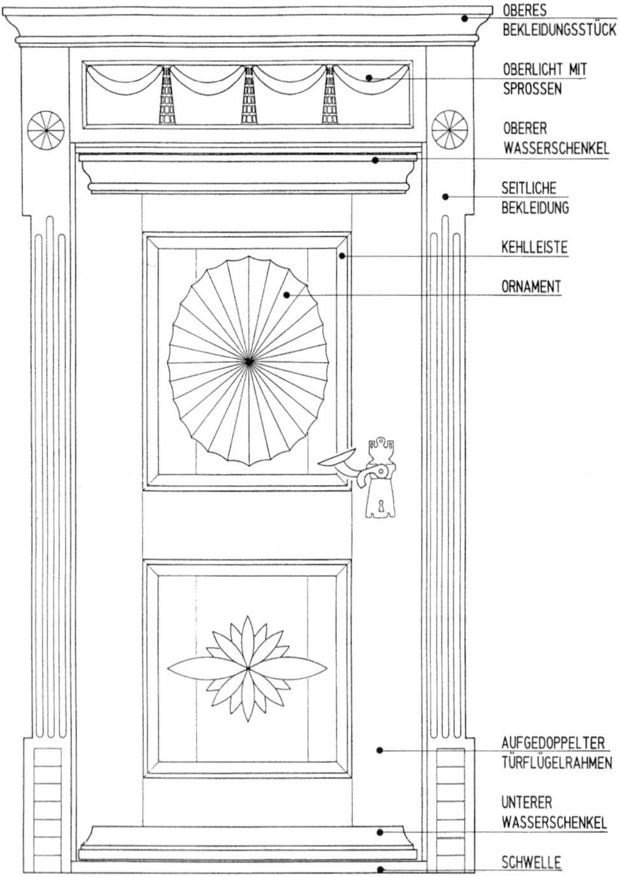

Abb. 4: Prerow, Lange Str. 37. Außen- und Innenansicht einer einflügeligen »aufgedoppelten« Tür mit Oberlicht. Obere »Füllung« mit Sonnen-Oval, untere »Füllung« mit

Die Brettertür bietet kaum die Möglichkeit, die Flügel mit Glasausschnitten zu versehen. Um trotzdem die schmalen und meist fensterlosen Flure belichten zu können, befindet sich ein Oberlicht über dem Flügel; Flügel und Oberlicht sind durch ein feststehendes Querholz, den Kämpfer, getrennt. Das Oberlicht ist stets von Sprossen gegliedert, da nur kleine Glasscheiben zur Verfügung standen. Das Glas hat häufig eine sehr unregelmäßige wellige Oberfläche.

Die recht urtümlich anmutende Konstruktion der »aufgedoppelten« Brettertür läßt nicht den Schluß zu, daß die Darß-Orte

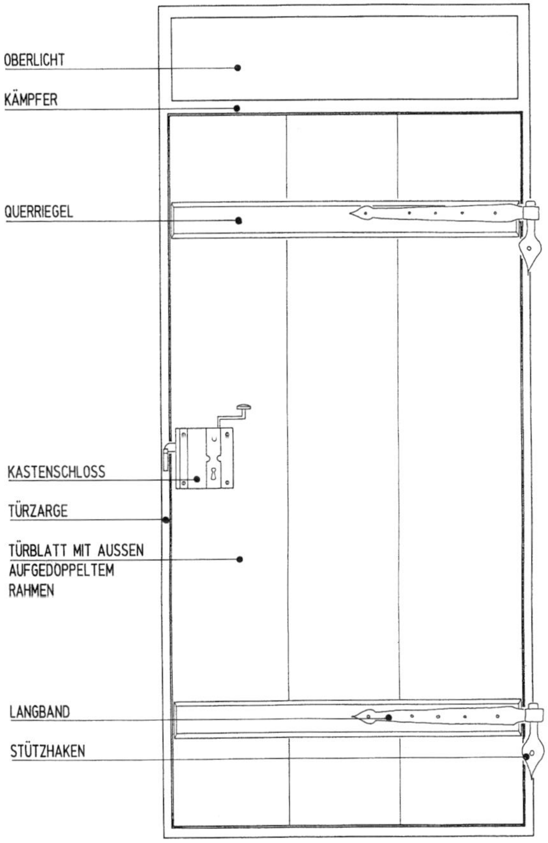

großer Blüte, Oberlicht festonartig gegliedert. Bekleidung mit Kehlen, Rosetten und Stufen (Maßstab ca. 1 : 20).

Abb. 5 (linke Seite): Prerow, Lange Str. 37 (frühes 19. Jahrhundert). Einflügelige Tür in einem kleinen Seefahrer- oder Handwerkerhaus. Obere «Füllung« mit Sonnen-Oval, untere »Füllung« mit großer Blüte, Oberlicht festonartig gegliedert. Bekleidung mit Kehlen, Rosetten und Stufen.

Abb. 6 (rechte Seite): Prerow, Buchenstraße 18 (frühes 19. Jahrhundert). Aufwendig gearbeitete zweiflügelige Tür in einem der ersten Privathäuser mit massiven Außen-

wänden. In diesem Haus war die erste Apotheke Prerows angesiedelt. Türsturz als Korbbogen ausgebildet (einziges bekanntes Beispiel in Prerow). Obere »Füllungen« mit Festons, mittlere mit Sonnenoval. Die unteren »Füllungen« sollen vermutlich Palmetten andeuten. Oberlicht festonartig gegliedert, Schlagleiste mit Stäbebündel.

Die erste Farbgebung der Tür zeigte ein einheitliches Grau. Bei der Restaurierung 2001 wurde diese Farbigkeit nach Befund wiederhergestellt.

Abb. 7: Prerow, Buchenstr. 26 (1834). 1985 restauriert, Wasserschenkel und Teile der Bekleidung kopiert. Obere »Füllungen« mit floralem Ornament an Mittelrosette, mittlere »Füllungen« mit geschweifter Einfassung, Wasserschenkel und Giebel sowie Sonnen-Oval und aufgehender Sonne, untere »Füllungen« mit Lebensbaum-Motiv. Oberlicht mit Anker und Säulen, Bekleidung mit Diamantschnitt, »Schachbrett«-Muster und Pfeilspitzenmotiv.

Abb. 8: Wieck, Hauptstr. 22 (vermutlich frühes 19. Jahrhundert). Beispiel für eine schlicht gehaltene einflügelige Haustür ohne Ornamente auf dem Türblatt, die auf den ersten Blick wie eine »echte Füllungstür« aussieht. Die Gliederung in zwei Achsen mit je drei übereinander liegenden Füllungen soll wohl eine Zweiflügeligkeit vorspiegeln. Ornamente finden sich lediglich auf der Bekleidung (geschnitzte Eckrosetten, Stufen).

der technischen Entwicklung des Türenbaus hinterherhinkten. Gleichaltrige Türen in den Städten sind oft nach dem selben Prinzip konstruiert worden. Es handelt sich um eine zwar einfache, aber sehr solide und bewährte Konstruktion.
Beispiele für diese Zeit zeigen die Abb. 5-8.

UM 1850 BIS 1900

Die Konstruktionsprinzipien der meisten Türen dieser Zeit zeigen die Abb. 3 (unten) und 9: die Türen sind jetzt als »echte Füllungstüren« konstruiert. In einen umlaufenden Rahmen sind drei oder mehr Füllungen (auch »Kassetten« genannt) je Flügel

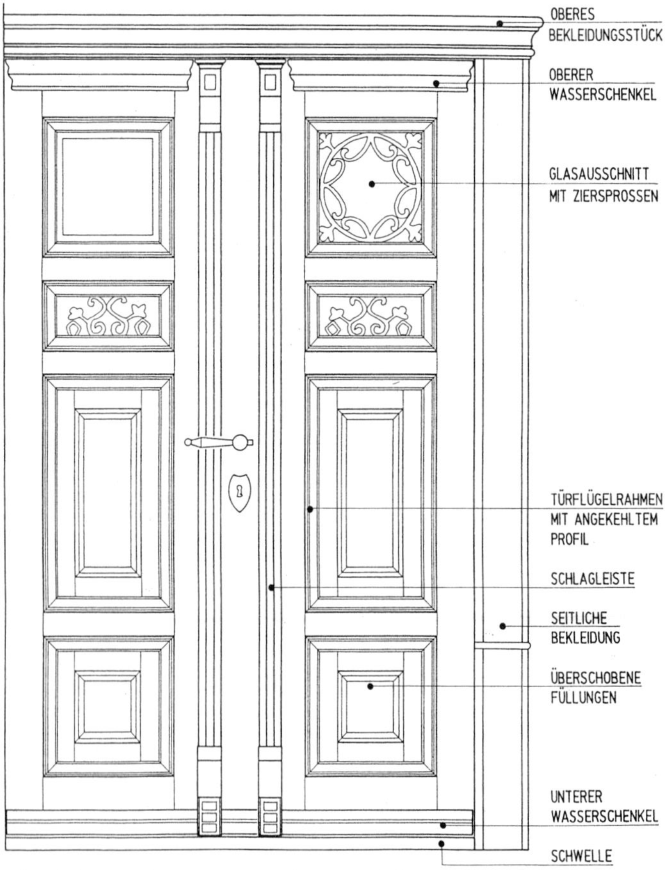

Abb. 9: Prerow, Lange Str. 39. Außen- und Innenansicht einer zweiflügeligen Füllungstür mit zwei Glasausschnitten in jedem Flügel. Glasausschnitte mit Ziersprос-

eingeschoben. Um den Füllungen eine gewisse Stärke geben zu können, werden sie oft innen dem Rahmen überschoben. In dem in den Zeichnungen dargestellten Beispiel zeigen die Türen zusätzlich noch überschobene Rahmen in den Füllungen (»doppelt überschoben«). Hiermit läßt sich die plastische Tiefenwirkung der Außenansicht noch steigern.

Die Konstruktion mit Rahmen und Füllungen taucht nach den bisherigen Erkenntnissen an Darßer Haustüren erst in der »spätklassizistischen« Phase um 1850 auf. Mit dieser Bauweise lassen sich Schäden, die aus dem Quellen und Schwinden des Holzes resultieren, verringern. Die Konstruktionsweise gilt als

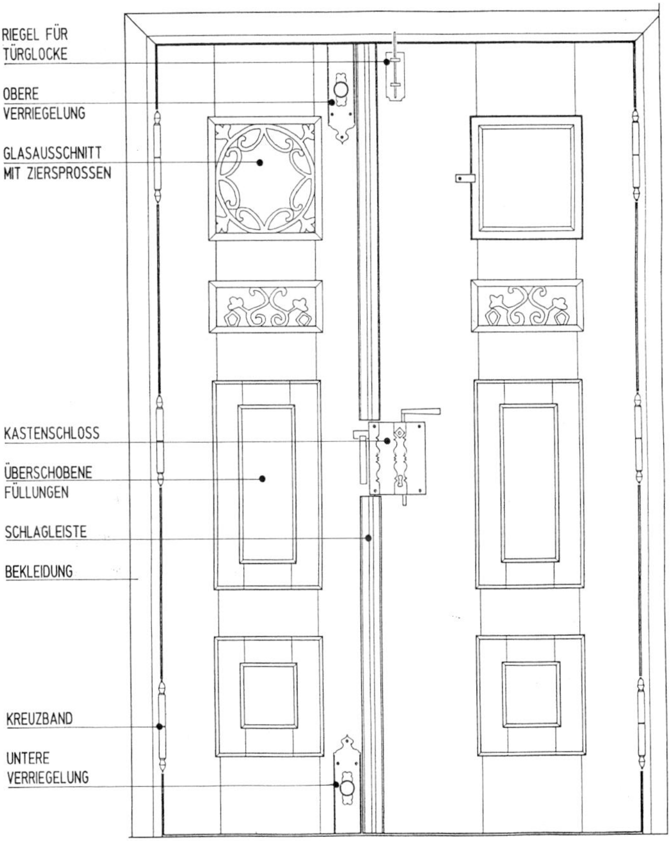

sen vor den Glasscheiben. Füllungen doppelt überschoben (Maßstab ca. 1:20). Die Zeichnungen zeigen den derzeitigen Zustand (ursprünglich hatten beide Glasausschnitte Ziersprossen, ein Teil der äußeren Bekleidung fehlt heute).

Abb. 10: Born, Auf dem Branden 15 (Mitte 19. Jahrhundert). Zweiflügelige Tür mit zwei Glasausschnitten in jedem Flügel und je zwei doppelt überschobenen Füllungen. Ornamente nicht nur auf den Füllungen (Rosetten, ausgestochene Viertelkreisecken), sondern auch als sehr fein gearbeitete Ziersprossen mit gotischen Anklängen vor den Scheiben. Bekleidung seitlich aus halbrunden Säulen, obere Bekleidung mit reicher floraler Schnitzerei.

Abb. 11: Prerow, Grüne Str. 20 (Mitte 19. Jahrhundert). Zweiflügelige Tür mit Anklängen an gotische Motive (Bogengitter). Auf den unteren Füllungen Lyra-Darstellung. Obere Füllungen mit Glasausschnitt und diagonalen Kreuzsprossen, Schlagleiste als Papyrusbündel. Außergewöhnlich für Prerow die Ausbildung der Türlaibung mit einer Konstruktion aus Rahmen und Füllungen, die auf die Gliederung der Haustür Bezug nimmt.

Abb. 12: Prerow, Lange Str. 78 (2. Hälfte 19. Jahrhundert). Schlichte zweiflügelige Kassettentür. Oberlichtrahmen mit geschweiften Innenkanten. Schlicht gekehlte Bekleidung, mehrteiliges oberes Querstück mit Giebelabschluß.

Abb. 13: Born, Chausseestr. 45 (2. Hälfte 19. Jahrhundert). Zweiflügelige Tür mit großem Glasauschnitt in den oberen Flügelhälften. Nur in Born verbreitet der halbkreisförmige obere Abschluß des Glasfeldes, der vielleicht auf eine Eigenart eines Borner Tischlers in dieser Zeit hindeutet. Bekleidung mit Diamantschnitt, Kehlen und »Schachbrett«. Bekleidung eventuell älter als Türflügel.

Abb. 14: Wieck, Bliesenrader Weg 1 (2. Hälfte 19. Jahrhundert). Außergewöhnlich aufwendig gearbeitete zweiflügelige Tür mit großen Glasausschnitten, teilweise farbiges Glas. Besonders »tief« gestaffelte, doppelt überschobene Füllungen, feine Sprossengliederung mit Blattornament. Bekleidung in Halbsäulenform. Obere Bekleidung aus geschweiftem Brett. Verbreiterter Durchgangsflügel, Symmetrie durch doppelte Schlagleiste gewahrt.

edler im Vergleich zur aufgedoppelten Brettertür und ist wesentlich aufwendiger in der Herstellung. Auf dem benachbarten Fischland war diese Konstruktionsweise schon um 1800 in Gebrauch.

Die Drückergarnituren sind aus Eisen oder Messing und schlicht gehalten, manchmal wappenschildartig gestaltet. Schlüsselloch und Drückerloch sind oft von getrennten Schildern überdeckt. Kastenschlösser sind bis etwa 1900 noch üblich.

Die Rahmenkonstruktion eignet sich gut für die Verwendung von Glasscheiben. Diese finden sich dann stets im oberen Drittel. Ornamente auf den Füllungen werden seltener, phantasievolle und aufwendige Sprossen im Glasfeld dafür zum Blick-

punkt. Die Ziersprossen im Flügel liegen stets vor der Glasscheibe und teilen sie nicht. Die Glasscheiben sind aufgrund der Herstellung von Hand auch in dieser Zeit oft unregelmäßig in der Oberfläche und kleinformatig.
Beispiele für diesen Abschnitt zeigen die Abbildungen 10-14.

UM 1900 BIS 1918

In dieser für den Darß wirtschaftlich schwierigen Zeit der Umstellung von der Schiffahrt auf den langsam einsetzenden Tourismus dürfte die Bautätigkeit gering gewesen sein. Die wenigen, überhaupt aus dieser Zeit bekannten Haustüren zeigen die überregional typischen Konstruktionen und Gestaltungselemente, die auch in zeitgenössischen Handwerksbüchern abgebildet sind. Spezielle Darßer Ausführungen sind nicht festzustellen. Die Flügel werden als Rahmenkonstruktion mit Füllungen angefertigt. Ein Beispiel zeigt Abb. 15.

An Massivbauten setzt sich die Verwendung des Blendrahmens neben der des Futters durch; der Blendrahmen wird innen in eine Aussparung des Mauerwerks geschraubt. Die Türflügel zeigen meist im unteren Drittel eine Füllung und in den oberen zwei Dritteln Glasfelder.

Beispiele für Türen mit Gestaltungselementen des Jugendstils sind aus den Darß-Orten bisher nicht bekannt. Eine Sonderrolle spielt Anfang dieses Jahrhunderts Ahrenshoop als »Künstlerkolonie«; unter der Vielfalt der Gestaltungsrichtungen finden sich vereinzelt auch Versuche, klassizistische Darßer Gestaltungselemente aufzunehmen.

1918 BIS 1930

Nach dem 1. Weltkrieg kommt die allgemeine wirtschaftliche Entwicklung nur schleppend wieder in Gang. Der Tourismus entwickelt sich ebenfalls nur zögerlich. Die wenigen Türen dieser Zeit sind einfach und unauffällig, fast ohne jede Zierde. Es gibt keine Darßer Besonderheiten. Auch in dieser Zeit handelt es sich um Füllungstüren, die z.T. oben mit Glasfeldern versehen werden.

Abb. 15: Prerow, Bebelstr. 7 (um 1910). Zweiflügelige Füllungstür mit großen glatten Glasausschnitten, Oberlicht und Futter mit Stichbogen. Quadratische Füllungen im unteren Drittel beider Flügel mit Flachschnitzerei. Schlagleiste mit Konsolen und Kehlung. Wasserschenkel über den Füllungen. Schlichtes Oberlicht mit glasteilenden Sprossen. Drückergarnitur mit Anklängen an Jugendstilformen.

1930 BIS 1945

Die »Renaissance« der klassizistischen Darßer Türen läßt sich an einem konkreten Neubau festmachen: im Jahre 1931 gibt der damalige Prerower Bürgermeister Heinrich Bierbaum für den Neubau des Gemeindeamtes (heute Kurverwaltung) in der Tischlerei Roloff eine Tür mit traditionellen Darßer Motiven in Auftrag (Abb. 16 und Titelbild). Der in Prerow lebende Maler und Graphiker Theodor Schultze-Jasmer wirkt bei der Farbgestaltung der Tür mit und gibt damit vermutlich den Anstoß für die mehrfarbige Gestaltung der Haustüren auf dem Darß.

In ihrer Gestaltung nehmen die Türen viele Elemente der Phase von 1790 bis 1850 auf und unterscheiden sich hier oft nur im Detail. In ihrer Konstruktion folgen sie aber den üblichen Türen dieser Zeit: es handelt sich immer um Türen in Rahmenkonstruktion mit Füllungen. Dies unterscheidet sie hauptsächlich von ihren Vorbildern. Die Füllungen sind auch innen sichtbar, aus Massivholz hergestellt und stecken in einer Nut. Die Flügel sind am Futter oder Blendrahmen angeschlagen, nicht am Fachwerk. Die Flügel schlagen stumpf in das Futter, d.h. sie sind nicht überfälzt.
Ein weiteres Beispiel für diesen Zeitabschnitt zeigt die Abbildung 17.

1945 BIS 1989

Die zahlreichen in dieser Zeit angefertigten Türen folgen in Konstruktion und Gestaltung der Vorkriegszeit. Die Verwendung von Massivholz für Füllungen wird allmählich abgelöst durch Sperrholz. Die Türflügel werden häufig überfälzt. Futter und Blendrahmen werden wie bisher verwendet. Die Beschläge sind meist einfach und aus zeittypischen Materialien hergestellt wie z.B. Aluminium und Kunststoff.
Beispiele zeigen die Abb. 18 und 19.

Abb. 16: Prerow, Gemeindeplatz 1 (1931). Einflügelige Dreifüllungstür mit Ornamenten auf allen Füllungen (aufgehende Sonne und geschweifte Ecken, großer Tulpenstrauß in gekehlter Schale, Ranke mit Mittelblüte). Mittlere Füllung mit Giebel und Wasserschenkel. Seitliche Bekleidungen mit Rauten, Kehlen und »Schachbrett«. Oberes Bekleidungsbrett giebelartig ausgebildet mit eingestochener Jahreszahl und Anker. Anstelle eines Oberlichtes belichten zwei kleine Fenster den hinter der Tür gelegenen Raum.

Abb. 17: Prerow, Im Schüning 10 (um 1935). Einflügelige Dreifüllungstür, oben mit Glasausschnitt (senkrechte Mittelsprosse glasteilend, Ziersprossen mit Zirkelornament). Eine der ersten »bunten« Türen, die nach dem Bau des Gemeindeamtes in Prerow entstanden. Auffällig das Ornament, das auf den Beruf des Bauherrn (Arztpraxis) hinweist (Schlange und Äskulapstab, begleitet von Tulpen, geschweifte Ecken). Untere Füllung mit aufgehender Sonne und geschweiften Ecken. Bekleidung mit Rauten, Kehlen und »Schachbrett«. Obere Bekleidung als mehrteilig zusammengesetzter Giebel. Wiedereingebaut in ein neues Gebäude im Jahre 1997.

Abb. 18: Prerow, Lange Str. 66 (um 1955). Einflügelige Dreifüllungstür, oben mit Glasausschnitt (senkrechte Mittelsprosse glasteilend, Ziersprossen). Mittelfüllung mit Tulpenstrauß in gekehlter Schale, geschweifte Ecken. Untere Füllung mit aufgehender Sonne. Seitliche Bekleidung mit Ovalen, Kehlen und »Schachbrett«. Obere Bekleidung geschweift, gefräste Kantenprofilierung.

Abb. 19: Prerow, Lange Str. 30 (1965). Zweiflügelige Tür mit Glasausschnitten in beiden Flügeln. Glasausschnitte mit geschweiften Ziersprossen, Mittelfüllung mit Sonnenoval, Feston, Rosetten und geschweifter Einfassung, Giebel und Wasserschenkel. Untere Füllung mit aufgehender Sonne, geschweiften Ecken und kleinen Blüten. Schlagleiste mit geschnitzten Stäben. Oberlicht mit Ziersprossen als Zirkelornament. Bekleidung als Kopie des noch erhaltenen Originals von 1870 mit Lyra, Akanthusblatt, Pinienzapfen, Sechsstern im Sockel, darüber aufgesetzte Stäbe. Obere Bekleidung als kräftiges Gesims ausgebildet.

Seit 1990

Innerhalb kürzester Zeit machen sich verschiedene gestalterische und konstruktive Tendenzen bemerkbar. Zwei Hauptrichtungen zeichnen sich ab:

Auf der einen Seite kommt es zu einem Aufblühen der traditionellen handwerklichen Türherstellung. Verschiedene historische Techniken, wie z.B. überschobene Füllungen, kommen auch bei Neuanfertigungen wieder zur Anwendung. Bewährte Techniken, wie z.B. das Verkeilen der Flügel, werden beibehalten. Der in die Gestaltung investierte Aufwand steigt. Ein Beispiel zeigt Abb. 20.

Auf der anderen Seite werden industriell gefertigte Türen mit Ornamenten versehen, die oftmals nichts mit den tradierten Motiven zu tun haben (Beispiele: Leuchtturm, Möwe, Segelschiff, Windflüchter u.ä.). Geringerer Gestaltungsspielraum und oberflächliche Betrachtung der Darßer Traditionen führen zu sehr zweifelhaften Ergebnissen. Rahmen werden nicht mehr verkeilt, sondern mit Dübeln verbunden. Kunststoffdichtungen, Einbohrbänder und Isolierverglasungen kommen zum Einsatz. Die Flügel werden an Blendrahmen angeschlagen. Als Kompromiß werden Türen häufig als moderne, vorgefertigte Konstruktionselemente mit von Hand geschnitzten, auf der Tradition beruhenden Ornamenten kombiniert.

Abb. 20: Prerow, Buchenstraße 12c (1996). Zweiflügelige Füllungstür mit verbreitertem Durchgangsflügel. Obere Felder mit Glasausschnitten und geschweiften Ziersprossen, Mittelfüllung mit Tulpenstrauß und gekehlter Schale sowie giebelgeschweifter Einfassung und Wasserschenkel. Untere Füllung mit Familienwappen. Gekehlte Wasserschenkel über den Glasausschnitten.

Die Ornamente

Die meisten Darßer Haustüren tragen Ornamente, die viele unterschiedliche Motive zeigen. Über die Herkunft und die Bedeutung der Motive lassen sich oftmals nur Spekulationen anstellen. Ein Teil der Motive geht noch auf die vorchristliche Glaubenswelt zurück. Hier gibt es viele symbolische Bedeutungen, die wir heute oft nur noch vermuten können. Es ist fraglich, ob dem Tischler immer Herkunft und Bedeutung eines Motivs bewußt gewesen sind. Einige Motive sind auch an den Beschlägen wiederzufinden.

Gestaltung und Konstruktion greifen ineinander. So sind Profile, Wasserschenkel und Abplattungen sowohl konstruktiver, als auch gestalterischer Natur. Diese Teile haben keinen symbolischen Hintergrund.

Die meisten Motive sind in der ersten oder zweiten Hälfte des 19. Jahrhunderts erstmals nachzuweisen. Besonders seit den 1930er Jahren werden die Motive des 19. Jahrhunderts bis heute gerne zitiert, so daß eine Datierung der Türen anhand der Motive nur sehr schwer möglich ist.

CA. 1790 BIS 1850

Neben Motiven, die vermutlich schon im 18. Jahrhundert auf dem Darß verbreitet waren, fließen im Zuge des Klassizismus auch Motive aus der Antike in die Darßer Kultur ein. Sie geben Zeugnis davon, daß der auf der Grundlage der Segelschiffahrt wirtschaftlich erfolgreiche Darß den schnellen Anschluß an die aktuelle Mode suchte. Die Bauerndörfer auf dem Darß machten innerhalb relativ kurzer Zeit einen kulturellen Sprung und versuchten, eine gewisse »ländliche Rückständigkeit« abzulegen. Dies zeigte man stolz, wenn auch manche Ornamente bei genauerem Hinsehen etwas »naiv« wirken und darauf hindeuten, daß der Sinn des Ornaments vom Handwerker nicht immer richtig verstanden wurde.

Anker: Zeichen dafür, daß der Auftraggeber der Tür mit der Seefahrt verbunden ist. Ist vor allem im Oberlicht aufwendiger zweiflügeliger Türen der Schifferhäuser zu finden.

Blitzschutzsymbol/Pfeilspitzen: Die Spitzen sind stets nach oben gerichtet und sollen wohl gleich einer Speerspitze abwehrend wirken.

Blüte: Beliebte Dekoration. Wird vielleicht mit Blühen und Gedeihen in Verbindung gebracht.

Diamantschnitt: Findet schon in der Antike als Ornament Verwendung. Wird an den Darßer Türen wahrscheinlich wegen der damit verbunden Kreuzstruktur, also als Kreuzsymbol verwendet. Schutz des Hauses vor bösen Einflüssen. Vielleicht auch ein Zeichen für Wohlstand.

Ecken: Umkehrung und Weiterführung einer barocken Gestaltungsidee. Im Barock wurden Füllungen gern an den Ecken der Abplattung in verschiedenen Formen ausgestochen, also vertieft. Bei klassizistischen Türen wird diese Form häufig aufgesetzt. Fächerförmig geschnitzte Viertelkreise stehen den Sonnensymbolen nahe.

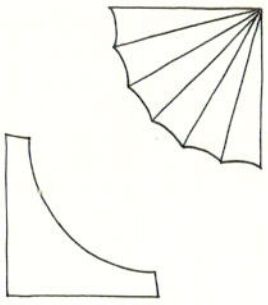

Efeu: Als immergrüne Pflanze Symbol für Beständigkeit. Kommt sehr selten vor und wurde vielleicht wegen der interessanten Blattform verwendet.

Fächer: Schnitzerei, die an einen aufgeschlagen Fächer erinnert. Stellt eine Form der Sonne dar.

Feston, Tuch, Schleife: Motiv aus der Antike, das im Klassizismus allgemein sehr beliebt war. Gibt festlichen, repräsentativen Charakter.

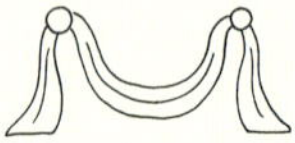

Giebel: Motiv aus der antiken Architektur. Findet auf dem Darß in schlichter kraftvoller Form sehr häufig Verwendung.

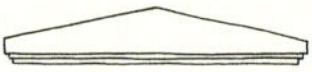

Initialen: Anfangsbuchstaben des Hausherren. Werden als vor dem Glas des Oberlichts liegende Sprosse ausgebildet. Später auch auf das Glas oder auf die Füllungen gemalt, sowie geschnitzt am Oberstück der Bekleidung.

Lebensbaum: Sinnbild der Lebenskraft in der Mythologie vieler Völker. Ist schon im alten Babylonien und Assyrien zu finden. Auch wegen seines dekorativen Charakters beliebtes Motiv. In der christlichen Kunst nicht ganz unumstritten wegen seiner eindeutig heidnischen Herkunft.

Kehlen/Stäbe: Antikes Architekturmotiv. Hat seinen Ursprung in den Kehlungen ionischer und korinthischer Säulen. Wird an den Darßer Türen von der runden Säule auch auf die Gestaltung von Flächen (Füllungen, Bekleidungen) übertragen. An Bekleidungen erinnern die Kehlen stärker an den Säulencharakter, hier entsprechend den steinernen Portalen in der Stadt.

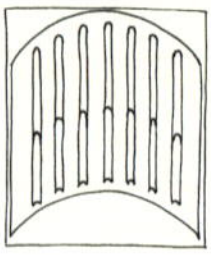

Kreuze: Christliches Symbol. Abwehr böser Mächte. Lichtzeichen. Zeichen der einfachen Mehrung. Als Additionszeichen noch heute mit selber Bedeutung. Auch als Andreaskreuz (schräg gestellt). Vielfache Mehrung des Besitzes.

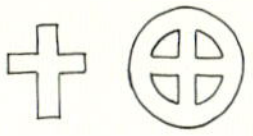

Lyra: Antikes Motiv. Altgriechisches Saiteninstrument. Ist ein dekoratives Element. Soll vielleicht von Kultur und Bildung zeugen.

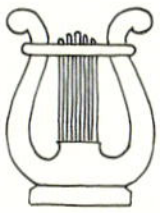

Mäander: griechisches Ornament nach dem kurvenreichen Fluß Menderes in Kleinasien, der in der Antike Maiandros hieß.

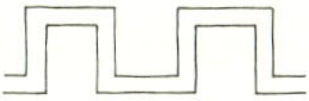

Palmette: Antikes fächerförmiges Pflanzenornament nach Palmenblättern oder -kronen.

Perlstab: Antikes Motiv. Aufreihung kleiner Halbkugeln an einer Kante.

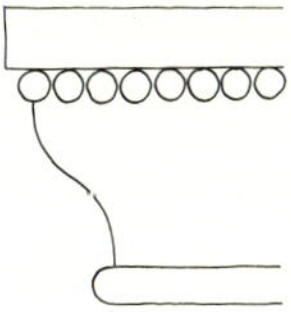

Quaderung: Motiv aus der Architektur. Gibt der Gestaltung Schwere und Wuchtigkeit. Wird an den Türen für die untere Türfüllung oder für die seitliche Bekleidung verwendet, also für »tragende« Glieder.

Ranken, Akanthus: Schmückendes Ornament nach einer distelähnlichen Pflanze aus dem Mittelmeerraum. Seit der Antike in allen Stilepochen zu finden.

Ranke, Lorbeer: Sinnbild des Ruhmes und der Ehre. Vornehm und edel.

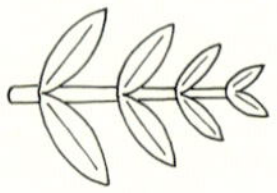

Raute: Viereck mit zwei spitzen und zwei stumpfen Winkeln. In Anlehnung an antike römische Formen auch als Sechseck verändert. Gilt als Glückszeichen. Steht für Fruchtbarkeit. Als »Odil«-Rune Symbol für Bodenständigkeit, Seßhaftigkeit und Besitz. Umreißt das »persönliche Sein«.

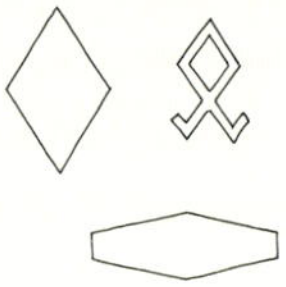

Rosetten: Kleine Blüten oder Sonnen mit der entsprechenden Symbolik.

Säulen, Pilaster: Gestaltungselemente aus der Architektur.

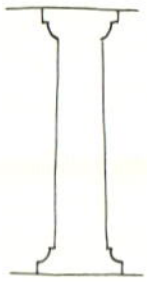

»Schachbrett«: geometrisches Flächenornament. Bedeutung unklar. Vielleicht vergleichbar mit Schuppen und Diamantschnitt.

Schuppen: Schutzsymbol. Soll auch vor Blitzeinschlag schützen.

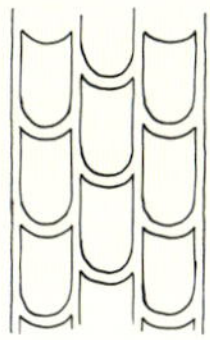

Sechsstern: Schutz gegen Böses aller Art und in jeder Form. Meist als Zirkelornament in Blütenform.

Sonne: Licht- und Lebenssymbol. Als Sonnenrad Symbol für den Lauf der Sonne. Feuerschutz und Feuersegen. Zu beachten ist wohl auch die Bedeutung der Sonne für die Navigation der Schiffe.

Stern: Ähnlich dem Sechsstern, aber auch mit vier oder acht Spitzen.

»Stufen«: Schutzsymbol, vergleichbar den Schuppen.

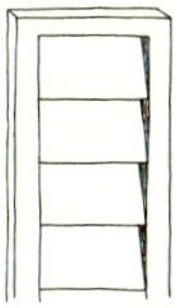

Talerband: Sieht aus wie die Aufreihung von Münzen. Schon in der Antike als Ornament. Hat wohl eine ähnliche Bedeutung wie die Schuppung.

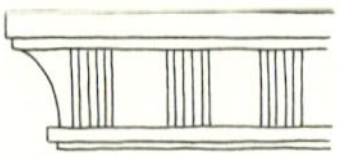

Triglyphen: Antikes griechisches Architekturelement oberhalb der Säulenreihen. Block mit drei durch Stege getrennten Rinnen. Wird bei den Darßer Türen an der entsprechenden Stelle unter einem Gesims oder Giebel verwendet. In der Form unterscheidet es sich aber oft stark vom Vorbild.

Tropfen (Guttae): Ornament aus der antiken griechischen Architektur.

Tulpen: Besondere Ausformung des Lebensbaummotivs. Die große Beliebtheit gerade dieser Spezies für die Gestaltung des Lebensbaums liegt im Unklaren. Vielleicht kommt sie daher, daß Tulpen im 17. und 18. Jh. als sehr edle und teure Pflanzen galten.

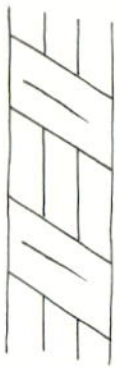

Umwundenes Stäbebündel: Findet sich als Schnitzerei der Schlagleiste und auch an der seitlichen Bekleidung. Die Stäbe sind meist zu schuppenartigen Kehlen umgebildet, so daß das Ornament sehr kleinteilig wird. Der Ursprung des Motivs liegt in der römischen Antike. An den Darßer Türen wird ihm das Schuppensymbol mit seiner beschützenden Funktion unterlegt. Es ist auch möglich, daß die kaum überschaubare Kleinteiligkeit eine Bedeutung hat. Etwa in der Form, daß böse Mächte durch sie verwirrt und von einem Eindringen abgehalten werden.

Urnen, Vasen: Meist in Anlehnung an griechische Vorbilder der Mode des Klassizismus entsprechend. Nehmen den Lebensbaum auf.

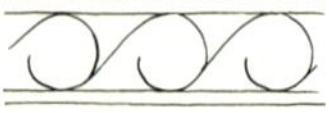

Wellenband, laufender Hund: Ornamentband mit fortlaufender Spirale; stammt aus der Antike.

Wirbelrad: Sonnenrad

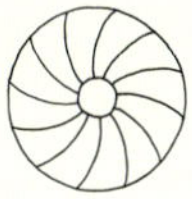

Zahnschnitt: Ornament an Gesimsen und Giebeln, das aus der antiken Architektur entlehnt wurde.

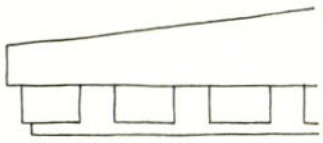

UM 1850 BIS 1900

Die Gestaltung der Türen dieser Zeit läßt sich in zwei Richtungen differenzieren: zum einen finden sich einige sehr reich dekorierte Türen (sog. »Louis-Philippe-Stil«), z.T. mit historisierenden Elementen aus Barock und Gotik. Daneben finden sich aber auch sehr schlichte »reine« Füllungs- oder Kassettentüren ohne zusätzliche Ornamente.

In dieser Phase kommen einige neue Ornamente hinzu, die aber auch zusammen mit denen der ersten Phase auftreten:

Delphine: Aus der Antike entlehntes Motiv, das im Klassizismus allgemein beliebt ist. Auch wenn die Ähnlichkeit mit dem Tier manchmal gering scheint, ist stets der Delphin gemeint. Hat rein dekorativen Charakter. Er läßt Rückschlüsse auf den Beruf des Hausbesitzers nur insofern zu, daß er vor allem auf den aufwendigen Türen der Schifferhäuser zu finden ist. Mit der Fischerei hat er nichts zu tun.

Krabben: Blattmotiv aus der gotischen Architektur. Ein Teil der Kunst des Biedermeier greift in der Gestaltung auf diese Stilepoche zurück.

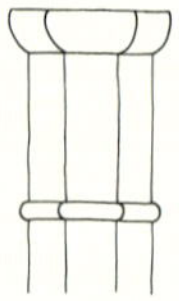

Papyrusbündel: Wird zur Ausformung der Schlagleiste bei zweiflügeligen Türen benutzt. Der Klassizismus holt sich nach dem Ägyptenfeldzug Napoleons 1798/99 auch Anregungen aus ägyptischen Kulturtraditionen.

Pinienzapfen: Ornament in Anlehnung an das Vorbild aus der Pflanzenwelt.

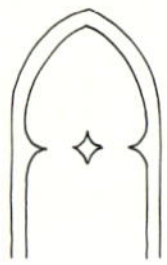

Spitzbögen (allg. gotische Zirkelmotive): Kennzeichen für die gotische Richtung des späten Klassizismus. Die Verwendung gotischer Stilelemente in den deutschen Ländern geht einher mit einem erstarkenden Nationalbewußtsein.

NACH 1900

In der Zeit nach 1900 kommt es kaum zu Neuschöpfungen. Soweit die Türen überhaupt Ornamente zeigen, sind sie überregional verbreiteten Vorlagenbüchern entnommen und werden zunehmend nicht mehr handwerklich in Einzelanfertigung hergestellt, sondern als vorgefertigte Elemente auf den Türen befestigt.

Erst mit dem Bau des Gemeindeamtes 1931 kommt es zur Wiederbelebung traditioneller Schmuckformen des 19. Jahrhunderts, die von den Tischlereien auf dem Darß in Handarbeit hergestellt werden.

Die modernen, oftmals industriell hergestellten Ornamente wie Leuchttürme, Möwen und Windflüchter, die seit 1990 zunehmend Verbreitung finden, weisen keine Verbindung zu traditionellen Gestaltungselementen und Symbolen auf.

Die Farbgebung

An keiner älteren Haustür ist der originale Anstrich heute noch sichtbar. Haustüren wurden mehr oder weniger regelmäßig nach dem gerade herrschenden Geschmack neu gestrichen. Demzufolge ist auch bei den Fotoaufnahmen in diesem Buch zu bedenken, daß natürlich immer nur der aktuelle und letzte Anstrich zu sehen ist; ältere Anstriche sind oft darunter verborgen.

Eine farbrestauratorische Untersuchung einiger Türen durch den Diplom-Restaurator Wolfram Vormelker im Jahre 1998 hat gezeigt, daß Darßer Haustüren bis zum Anfang unseres Jahrhunderts nur in wenigen, meist dunklen Farbtönen gestrichen waren. Fotografien vom Anfang des 20. Jahrhunderts, die auch reich dekorierte Türen einfarbig zeigen, stützen diesen Befund. Nachgewiesene Farbtöne sind bisher Englisch Rot, Grün, Blaugrün, Dunkelgrau und Anthrazit-Schwarz.

Die klassizistischen Türen des 19. Jahrhunderts gliederten sich also wesentlich zurückhaltender in das Fassadenbild ein. Die reich detaillierte Gestaltung der frühen Türen brauchte keine Buntheit, um ihre Wirkung zu entfalten. Im Gegenteil: eine mehrfarbige Fassung hätte oft die Ansicht zerstückelt. Zudem stand nur eine begrenzte Farbpalette zur Verfügung. Verwendet wurden Ölfarben, die sehr dünn aufgetragen wurden und dadurch weniger deckten als heutige Farben.

Für die Tür Buchenstraße 26 ist überliefert, daß sie bis ins 20. Jahrhundert farblos war, d.h. wohl nur geölt gewesen ist. Es heißt, daß Farben aus Schiffbau und Schiffahrt auch beim Anstrich der Häuser verwendet wurden.

Die Gewohnheit, die Türen bunt zu streichen, bürgerte sich erst um 1930 ein. Dies hängt eng mit dem Bau des neuen Gemeindeamtes 1931 und seiner Haustür zusammen. Die farbliche Gestaltung dieser Tür geht vermutlich auf den Einfluß der Malers und Grafikers Theodor Schulze-Jasmer zurück, der selbst ein Darßer Haus mit alter Tür bewohnte (Grüne Str. 8).

Auch wenn die Wirkung einiger historischer Türen damit stark verändert wurde, ist doch anzunehmen, daß diese Umgestaltung vielen Türen sozusagen »das Leben rettete«. Denn erst jetzt fielen sie auf und fanden die Bewunderung der Gäste. Bis dahin galten sie bei den Einheimischen eher als unmodern, wenig attraktiv und wertlos. Heute sind deshalb »bunter Anstrich« und »Darßer Haustür« nicht mehr voneinander zu trennen. Ein mehrfarbiger Anstrich wird allgemein für ein typisches Kennzeichen der Darßer Türen gehalten und gilt als unverzichtbar.

Es bleibt zu hoffen, daß mit der vorliegenden Veröffentlichung Anregungen gegeben werden, die zurückhaltende Farbigkeit der alten Türen hier und da durchaus wieder zum Leben zu erwecken.

Die Herstellung

Wer hat die Darßer Türen gebaut?

Es steht außer Frage, daß für die fachgerechte Herstellung einer Tür gewisse personelle und technische Voraussetzungen bestehen müssen. Dazu zählen:

- *fachliche Kenntnisse in der Herstellung*
- *praktische Fähigkeiten*
- *Verfügung über fast alle im Tischlerhandwerk üblichen Handwerkzeuge und Vorrichtungen*
- *räumliche Voraussetzungen*
- *zeitliche Vorgaben, d.h. eine Tür muß zum richtigen Zeitpunkt (i.d.R. kurz vor dem Bezug eines Hauses) fertiggestellt sein*

Nur wer diese Voraussetzungen mitbrachte, war in der Lage, eine Haustür anzufertigen. Ernsthaft in Betracht kommen demzufolge nur Tischler und (in begrenztem Umfang) Zimmerleute.

Käthe Miethe hat in einem Aufsatz aus dem Jahre 1934 erstmals die Vermutung geäußert, daß Seeleute auf ihren Fahrten Haustüren herstellten. Seitdem findet sich diese Aussage immer wieder in den unterschiedlichsten Berichten und Veröffentlichungen. Die Herstellung kompletter Haustüren oder von Teilen ist unserer Meinung nach aber allein in Anbetracht der oben erwähnten Voraussetzungen nicht nachvollziehbar. Bis etwa 1850 waren die Darßer Schiffe noch relativ klein und hätten gar keinen Platz für derartige Arbeiten geboten. Darßer Jugendliche gingen in der Regel bereits zwischen dem 13. und 15. Lebensjahr an Bord der Schiffe, ohne vorher einen anderen Beruf zu erlernen.

Zur traditionellen Herstellung einer Haustür sind neben einer Hobelbank mehr als 40 Werkzeuge erforderlich. Dazu zählen u.a. mindestens zehn verschiedene Hobel, fünf verschiedene

Sägen, rechter Winkel, Zirkel und Bleistift, drei bis vier Schnitzeisen, Schraubzwingen, Gehrungs- und Streichmaß, Bohrwinde und Bohrer, Zollstock sowie einige weitere, heute oft nicht mehr gebräuchliche Werkzeuge.

Auch nachträglich hinzugefügte Schnitzereien, die auf Schiffen entstanden sein könnten, lassen sich bisher auf Türen des 19. Jahrhunderts nicht nachweisen. Nachträgliche Veränderungen oder Ergänzungen an den Ornamenten sind bisher nur für das 20. Jahrhundert belegt. Alle bekannten Türen zeigen zudem ein wohlüberlegtes Gestaltungsprogramm, in das nichts einzufügen und aus dem nichts wegzudenken ist. Viele Ornamente sind nicht aufgesetzt, sondern direkt in das massive Holz eingestochen und folglich nicht später anzubringen. Außerdem ist bisher keine Tür gefunden worden, der man die Hand eines Unkundigen oder Ungeübten anmerken würde. Alle Türen spiegeln langjährige Erfahrung im Tischlerhandwerk wider.

Es hat in den größeren Darßorten in der 1. Hälfte des 19. Jahrhunderts mehrere Tischlereien gegeben, die sich alle mit dem Bau von Haustüren befaßt haben dürften. Bisher gelang es aber nur, eine Tischlerei in Prerow mit bestimmten Haustüren direkt in Verbindung zu bringen: 1832 wird im Prerower Trauregister erstmals »Carl Gustav Belke, Tischlermeister in Prerow« erwähnt. Durch charakteristische Profilhobel aus seinem Besitz läßt sich eine Reihe von Türen mit großer Sicherheit seiner Werkstatt zuordnen. Carl Gustav Belke entstammte einer aus Schweden eingewanderten Familie. Er wurde 1803 in Stralsund geboren und ging dort auch in die Lehre. Sein späterer Schwiegersohn, Tischlermeister Johann Roloff, kam aus Grimmen.

Durch Zuwanderung von Handwerkern ist somit das Bild der Darßer Kultur nicht unwesentlich beeinflußt worden. Die in der Stadt gelernte Kunstfertigkeit fand in den aufstrebenden Seefahrerorten reichlich Nachfrage.

Im Falle der Tischlerei Roloff läßt sich die Handwerkstradition über sechs Generationen und fast 170 Jahre nachvollziehen:

- *Carl Gustav Belke, *1803 in Stralsund, †1869 in Prerow*
- *Johann Roloff, *1825 in Grimmen, †1897 in Prerow*

- *Franz Roloff senior, *1863, †1940 in Prerow*
- *Franz Roloff junior, *1904, †1946 in Gefangenschaft*
- *Hans-Jürgen Roloff, *1935 in Prerow*
- *René Roloff, *1965 in Prerow*
- *Dirk Roloff, *1969 in Prerow*

Die Werkstätten hatten im 19. Jahrhundert in der Regel nur eine bescheidene Größe. Ein Stube des Hauses diente dazu. Mehr als drei Personen werden selten zusammen gearbeitet haben.

Wieviel hat eine Darßer Haustür gekostet? Zunächst gilt natürlich, daß je nach Art und Gestaltung der Preis recht unterschiedlich gewesen ist. Allerdings waren die Arbeitslöhne verhältnismäßig gering, so daß ein paar Stunden mehr oder weniger kaum ins Gewicht fielen. Viele sehr zeitraubende Motive hätten sonst kaum verwirklicht werden können. Die Materialkosten hatten einen wesentlich größeren Anteil am Gesamtpreis, als das heute der Fall ist.

Leider sind die Kosten für die ältesten Haustüren der Zeit vor 1890 bisher nicht zu ermitteln gewesen. Aus dem Jahre 1856 gibt es eine Aufstellung der Baukosten eines Hauses in Prerow, in der die Tischlerarbeiten leider nicht enthalten sind; lediglich der Preis für das Kastenschloß der Haustür wird mit 1 Taler angegeben. Erst für die Zeit um 1900 sind Angaben zu finden. So ist aus der Tischlerei Roloff die Abrechnung einer zweiflügeligen Tür mit Oberlicht und einigen Zierelementen aus dem Jahr 1898 überliefert: Die Tür kostete 50,- Mark. Der Stundensatz für Arbeiten einer Tischlerei betrug 1898 35 Pfennig, so daß sich bei geschätzten Materialkosten von rund 8 Mark ein Stundenaufwand von 120 Stunden für die Herstellung der Tür ergibt. Dies erscheint auch aus heutiger Sicht durchaus realistisch.

Eine ähnliche Tür, aber mit einem Stichbogen, kostete im Jahre 1908 69,20 Mark (davon betrugen allein die Kosten für das Glas 4,20 Mark).

Literatur und Quellen

Die Informationen in diesem Buch entstammen überwiegend eigenen Untersuchungen der Verfasser. Als weitere Literatur zum Thema können die folgenden Veröffentlichungen empfohlen werden:

Gustav BERG: Beiträge zur Geschichte des Darßes und des Zingstes. 2. verbesserte und vermehrte Auflage. Prerow 1999 (Schriften des Vereins zur Förderung der Heimatpflege und des Darß-Museums e.V., Heft 1)

Käthe MIETHE: Alte Türen an der Wasserkante. In: Mecklenburgische Monatshefte, 10. Jg. (1934), S. 163-164

Helene TRAUSCHIES: Darßer Haustüren. In: Fischland, Ribnitz, Darß, Zingst, Barth – 50 Einblicke. Königstein/Taunus 1992

Darüber hinaus wurden die folgenden Quellen zur Bearbeitung genutzt:

Sammlung Roloff, Prerow

Fotodokumentation Prerower Häuser, Kai Greiser, Hamburg, 1992

Abbildungsnachweis:

Zeichnungen: Ingelore Nädler, René Roloff; Fotos: René Roloff
Vorsatz: Generalstabskarte von 1841, Blatt Barth. Staatsbibliothek zu Berlin Preußischer Kulturbesitz - Kartenabteilung 2° N 7664 a Bl. 9

Die Autoren:

René Roloff, geboren 1965 in Prerow, selbständiger Tischlermeister in Prerow, Dozent am Fortbildungszentrum für Handwerk und Denkmalpflege in Görlitz

Frank Braun, geboren 1959 in Lübeck, Architekt, Dr.-Ing., Professor für Historische Baukonstruktionen, Baugeschichte und Denkmalpflege an der Hochschule Wismar. Gemeinsam mit der Architektin Ingelore Nädler seit 1993 Eigentümer eines Schifferhauses in Prerow.

1790 - 1850
1850 - 1900
1900 - 1918
1930 - 1945
1945 - 1989
1989 - heute
M Museum
K Kurverwaltung